Je suis responsable

David Parker
Illustrations de Sylvia Walker
Texte français de Nicole Michaud

Éditions
SCHOLASTIC

À mon frère Butch dont je suis si fier, et à mon oncle Sonny qui m'a appris
que le sens des responsabilités et l'honneur vont de pair.
– D.P.

À Patsy, une maman qui enseigne avec tendresse à ses enfants
comment devenir responsables. Avec tout mon amour.
– S.W.

Catalogage avant publication de Bibliothèque et Archives Canada
Parker, David
Je suis responsable / David Parker; illustrations de Sylvia Walker;
texte français de Nicole Michaud.

(Je suis fier de moi)
Traduction de : I am responsible.
Pour les 5-8 ans.
ISBN 978-0-545-99167-4

1. Responsabilité--Ouvrages pour la jeunesse. I. Walker, Sylvia
II. Michaud, Nicole, 1957- III. Titre. IV. Collection: Je suis fier de moi
(Toronto, Ont.)
BJ1451.P3714 2008   j179'.9   C2008-902270-X

Édition publiée par les Éditions Scholastic, 604, rue King Ouest, Toronto (Ontario) M5V 1E1

7 6 5 4 3   Imprimé au Canada 119   13 14 15 16 17

Je me brosse les dents dès mon réveil
parce que c'est ce que je dois faire.

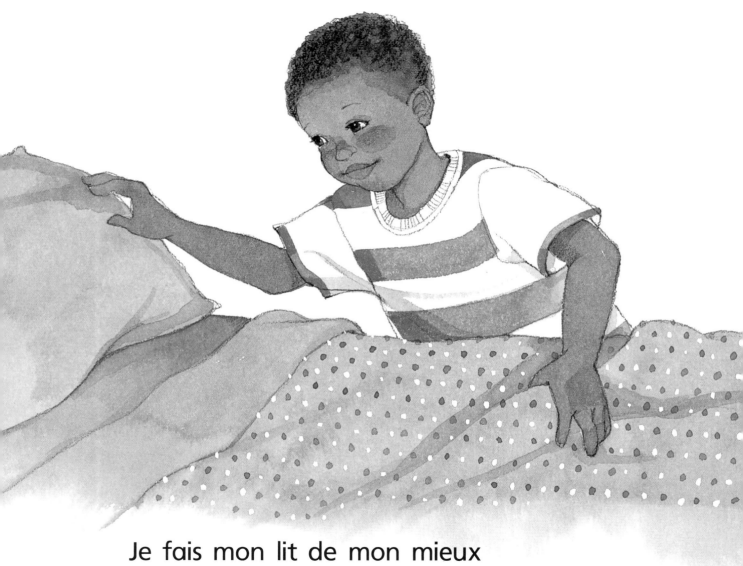

Je fais mon lit de mon mieux
parce que c'est ce que je dois faire.

Je prépare mon sac pour l'école
parce que c'est ce que je dois faire.

Je sais ce que je dois faire et je sais
que c'est moi qui dois le faire.

Si ce n'est pas fait, je ne peux blâmer que moi-même.

Je travaille toujours de mon mieux
parce que c'est ce que je dois faire.

Après avoir mangé, je jette les ordures à la poubelle parce que c'est ce que je dois faire.

Je sais ce que je dois faire et je sais
que c'est moi qui dois le faire.

Si ce n'est pas fait, je ne peux
blâmer que moi-même.

Je prends mon repas et j'aide ensuite à essuyer la vaisselle parce que c'est ce que je dois faire.

Je sais ce que je dois faire et je sais
que c'est moi qui dois le faire.

Si ce n'est pas fait, je ne peux blâmer
que moi-même.

Je suis heureuse parce que j'ai fait ce que je devais faire. Je suis responsable.

Donne des exemples de ce que tu fais chaque jour, qui montrent que tu es responsable.